FÜR

VON

Der rote Faden
No. 55

MIX
Papier aus verantwortungsvollen Quellen
FSC® C012700
FSC
www.fsc.org

ISBN 978-3-649-61103-5

Hafenweg 30, 48155 Münster, Germany

Texte und Textsammlung von Hans E. Gerr
Grafische Gestaltung von Thomas Wolters, Inter[net]litho

Printed in Malaysia

www.coppenrath.de

EIN LÄCHELN IST WIE EIN GESCHENK

Gedanken
zum Glücklichsein

von Hans E. Gerr

COPPENRATH

Das wirklich Bedeutsame im Leben
ist meist nicht spektakulär.
Beruflicher Stress und Hektik des Alltags,
die Orientierung an materiellen Werten und
übermäßiges Konsumieren lassen uns häufig
den Blick für das Wesentliche verlieren.
Das Lächeln kann in unserem Leben
von großer Bedeutung sein.
Lächeln ist wie ein Geschenk,
das unser Leben bereichert.
Es ist menschlich und lässt
uns menschlich werden.
Lächeln erleichtert unser
Zusammenleben.

✿ ✿ ✿

Die Freude und das Lächeln
sind der Sommer des Lebens.

Jean Paul

Vom Wesen des Lächelns

Ein Lächeln, das von Herzen kommt, erschöpft sich nicht. Je mehr du davon schenkst, desto größer wird die Chance, dass dir etwas davon zurückgegeben wird.

Lernen wir uns freuen, so verlernen wir am besten, anderen weh zu tun.

Friedrich Nietzsche

Freude soll nimmer schweigen.
Freude soll offen sich zeigen.
Freude soll lachen, glänzen und singen.
Freude soll danken ein Leben lang.

Joachim Ringelnatz

Das Lächeln ist ein Quell der Freude
und verleiht der Freude Ausdruck.

✿ ✿ ✿

Das Lachen sollte aus dem Herzen kommen,
das Lächeln aus der Seele sein.

Maria-Theresia Radloff

✿ ✿ ✿

Lächeln wird von Herzlichkeit geleitet.
Ein Lächeln, das von Herzen kommt,
kennt keine Absicht.

✿ ✿ ✿

Was der Augenblick geboren,
schlang der Augenblick hinab!
Aber ewig bleibt es unverloren,
was das Herz dem Herzen gab.

Adalbert Stifter

Das Lächeln ist menschlich und lässt uns menschlich werden. Als Botschaft der Mitmenschlichkeit vermittelt es Verständnis, Mitgefühl und Toleranz.

✿ ✿ ✿

Denn es muss von Herzen gehen,
was auf Herzen wirken soll.

Johann Wolfgang von Goethe

✿ ✿ ✿

Das Lächeln ist der schönste Lohn. Es kann mehr wert sein als materielle Güter. Der Mensch ist wirklich arm, dem das Lächeln verschlossen bleibt, und mag er noch so viele Reichtümer angesammelt haben.

✿ ✿ ✿

Wem ein Lächeln fehlt, dem fehlt ein Flügel.

Truman Capote

„Belächeln“ oder „lächerlich machen“ haben nichts mit dem Lächeln gemein, denn sie verletzen oder setzen herab. Das Wesen des Lächelns aber besteht darin, dass es würdigt.

✿ ✿ ✿

Das Lächeln ist ein Fenster,
durch das man sieht,
ob das Herz zu Hause ist.

Aus Russland

✿ ✿ ✿

Das Lächeln ist im Schweigen beredter
als alle Zungen der Welt.
Das Lächeln sagt mehr als alle Worte.

✿ ✿ ✿

Ein kleines Lächeln ist besser als eine große Ansprache.

Johannes Paul I.

Das Lächeln ist international. Es kennt keine Verständigungsprobleme. Lächeln ist eine Sprache, die jeder versteht. Ein Fremder wird dir durch sein Lächeln vertraut, auch wenn du ihn noch nicht kennengelernt hast.

✿ ✿ ✿

Der kürzeste Weg zwischen zwei Menschen
ist ein Lächeln.

Aus China

✿ ✿ ✿

Das Lächeln ist wie der Sonnenschein,
der das dickste Eis schmelzen lässt.

✿ ✿ ✿

Fröhliche Menschen sind nicht bloß glückliche,
sondern in der Regel auch gute Menschen.

Karl Julius Weber

Das Lächeln bereichert unser Leben

Ein Lächeln ist wie ein Geschenk. Es macht dich reicher. Du erhältst es, ohne dass von dir eine Gegengabe erwartet wird.

✿ ✿ ✿

Lass dich auf die Freude ein.
Streck die Hände aus und
greif zu, wenn sie vorbeiläuft.

Carl August Sandburg

✿ ✿ ✿

Das Lächeln kann dir das Gefühl geben, dass dir dein Leben neu geschenkt worden ist.

✿ ✿ ✿

Ein Lächeln ist ein Licht,
das Leben und Hoffnung sichtbar macht.

Thérèse von Lisieux

Das Lächeln ist wie ein herzlicher
Willkommensgruß.
Es sagt dir: „Schön, dass du da bist!"

✿ ✿ ✿

Unsere Freude beginnt dort,
wo wir andere zum Lächeln bringen.

Indisches Sprichwort

✿ ✿ ✿

Das Lächeln ist wie ein Sonnenaufgang.
Es verbreitet Wärme und lässt die Welt
in hellerem Licht erstrahlen.

✿ ✿ ✿

Ein Lächeln des Freundes ist wie
eine laufende Welle voll Licht!

Jean Paul

Aus dem Lächeln leuchtet das Glück,
das die Welt zum Strahlen bringt.

✿ ✿ ✿

Freude ist das Leben,
durch einen Sonnenstrahl gesehen.

Carmen Sylva

✿ ✿ ✿

Das Lächeln ist wie
das Strahlen der Sterne,
die uns einen tieferen Sinn
menschlichen Lebens erahnen lassen.

✿ ✿ ✿

Freude heißt die starke Feder
in der ewigen Natur.
Freude, Freude treibt die Räder
in der großen Weltenuhr.

Friedrich von Schiller

Das Lächeln verbindet

Das Lächeln verbindet über alle Schranken hinweg. Es ist ein Brückenschlag von Mensch zu Mensch.

✿ ✿ ✿

Frohes Gemüt kann Schnee in Feuer verwandeln.

Spanisches Sprichwort

✿ ✿ ✿

Lächeln kann Gemeinschaft stiften. Es verbindet Menschen über alle kulturellen, religiösen und politischen Gegensätze hinweg.

✿ ✿ ✿

Die Menschen sollen einander bei den Händen fassen und nicht nur gut sein, sondern auch froh. Die Freude ist der Sommer, der die inneren Früchte färbt.

Jean Paul

Ein Lächeln steht meist am Beginn einer großen Freundschaft oder Liebe. Es kann der Auslöser sein, sich auf ein Abenteuer mit einem anderen Menschen einzulassen, sich ihm zu öffnen, ihm zu vertrauen und für ihn da zu sein.

✿ ✿ ✿

Das Lächeln, das du aussendest,
kehrt zu dir zurück als Glück.

Aus Indien

Ein Lächeln ist der schönste Ausdruck von Dankbarkeit.

✿ ✿ ✿

Eine gute Tat ist die, die auf dem Antlitz
des anderen ein Lächeln erscheinen lässt.

Mohammed

Das Lächeln ermöglicht Nähe und kann zwei Menschen zueinander finden lassen.

✿ ✿ ✿

Es gibt ein gutes Mittel, einen Freund zu gewinnen:
das Lächeln. Ein offenes und freies Lächeln.
Lächeln können, welche Macht!
Es gibt mir die Macht, zu beruhigen,
zu lindern, auf andere einzuwirken.

Guy de Larigaudie

✿ ✿ ✿

Das Lächeln wird zu einem zärtlichen Botschafter, wenn es jemandem mitteilt: „Ich liebe dich."

✿ ✿ ✿

Es kann nur dann ein Lächeln aus dem Spiegel schauen, wenn ein Lächelnder hineinschaut.

Aus China

Das Lächeln vermag viel

Ein Lächeln kann in einer Konfliktsituation befreiend wirken. Es hilft uns, freundlich zueinander zu sein, und lenkt den Blick darauf, was die Menschen verbindet.

✿ ✿ ✿

Frohsinn ist ein Schwimmgürtel
für den Strom des Lebens.

Ludwig Börne

✿ ✿ ✿

Das Lächeln kann der Schlüssel sein, mit dem das Tor der Versöhnung geöffnet wird.

✿ ✿ ✿

Wenn du jemanden ohne Lächeln siehst,
gib ihm deines.

Aus Burma

In schwierigen Zeiten ermöglicht das Lächeln,
auch die positiven Seiten des Lebens zu sehen.
Ein Lächeln hilft dabei, aus einer gedrückten
Stimmung herauszufinden und wieder
gute Laune zu erlangen.

✿ ✿ ✿

Auch das ist Kunst, ist Gottesgabe,
aus ein paar sonnenhellen Tagen
sich so viel Licht ins Herz zu tragen,
dass, wenn der Sommer längst verweht,
das Leuchten immer noch besteht.

Johann Wolfgang von Goethe

Das Lächeln stiftet Frieden. Es kann entwaffnend sein.
Würden sich alle Menschen von der Kraft des Lächelns
leiten lassen, wäre ein friedvoller Umgang zwischen
den Menschen die Regel.

Ein Lächeln kann Menschen dazu bringen, ihr Herz zu öffnen und Verantwortung zu übernehmen.

✿ ✿ ✿

Willst du glücklich sein im Leben,
trage bei zu andrer Glück,
denn die Freude, die wir geben,
kehrt ins eigne Herz zurück.

Volksmund

✿ ✿ ✿

Das Lächeln kann wie ein Rettungsseil sein, das Menschen aus ihrer Einsamkeit befreit.

✿ ✿ ✿

Das beste Mittel, jeden Tag gut zu beginnen, ist beim Erwachen daran zu denken, ob man nicht wenigstens einem Menschen an diesem Tag eine Freude machen könnte.

Friedrich Nietzsche

Das Lächeln vermag viel.
Darum verlerne es nicht!
Es kann das Leben sehr erleichtern.

Wer den Tag mit einem Lächeln beginnt,
hat ihn bereits gewonnen.

Marcus Tullius Cicero